Vente des Lundi 24 et Mardi 25 Février 1908

HOTEL DROUOT — SALLE N° 6

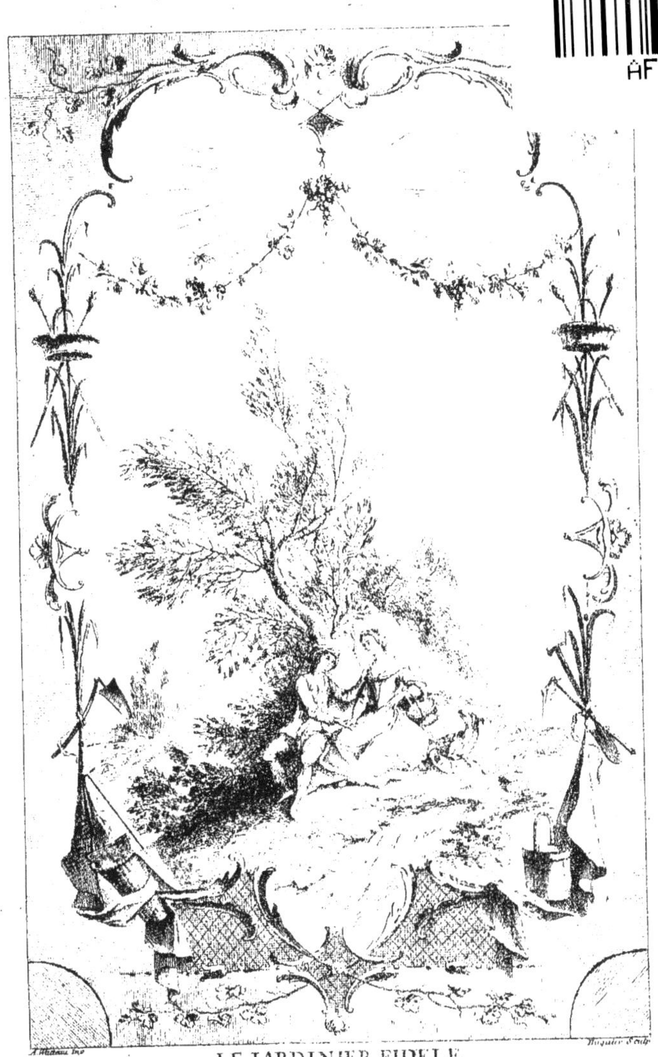

A. Watteau Inv. — Huquier Sculp.

LE JARDINIER FIDELE

A Paris chez la veuve de F. Chereau rue St. Jacques aux deux Piliers d'or, et chez Huquier vis à vis le grand Chatelet aux armes d'Angleterre
Avec Privilège du Roy

N° 451 du Catalogue

ESTAMPES
ANCIENNES ET MODERNES

DESSINS

M° HENRI BAUDOIN — M. LOYS DELTEIL

IMPRIMERIE

FRAZIER-SOYE

153-157, rue Montmartre

PARIS

CATALOGUE
D'ESTAMPES
des XVIe au XIXe Siècles

PORTRAITS — COSTUMES

PIÈCES HISTORIQUES

CARICATURES
DESSINS
ETC.

Dont la vente aura lieu
à Paris, HOTEL DROUOT, Salle N° 9
Les Lundi 24 et Mardi 25 Février 1908
à 2 heures précises

Par le ministère de Me HENRI BAUDOIN
COMMISSAIRE-PRISEUR
Successeur de Me P. CHEVALLIER
10, Rue de la Grange-Batelière

Assisté de M. LOYS DELTEIL, Artiste-Graveur, Expert
2, Rue des Beaux-Arts

Commissions

N°

30 + Bouchot. (6 pièces) — Pigal. Scènes familières 21 6 fr

32 + Bouchot Ce que parler veut dire pl. 10 — 1 pl. Belles Moeurs — Pigal métiers de Paris pl. 7 — Scheffer Ce qu'on dit et ce qu'on pense pl. 41.

72 Daumier — Départ pour [illegible]

74 — d° — Le Patrouillotisme

111 + Devéria — Neuf heures du soir, essai

~~[illegible] Devéria — 4 pièces, Valencien, Femme d'Ischia, Chef d'Albanais, 3 pl. en coul., et petit portrait de J. Cassive~~

126 + 3 pl. du lot : Pigal. Scènes familières.

144 — Wolgemuth. Pape et Empereur Assis. — Char de Diane, Salamanca. Triomphe en Carrosse, 3 pièces du lot.

176 + Gavarni — Amours, le lot

180 + Gavarni — les Petits Jeux de Société, le lot.

239 + Lami — Carabiniers

264 + Monnier — Le Lot (22 pièces)

265 + Monnier — 12 pièces du lot

360 — Pigal — Scènes familières, le lot (16 pl.)

368 — 1 pièce du lot : Mme de La Valette, petit portrait

421 + Pigal — Miroir de Paris 11 [illegible], A. Adam, album

434 — + Senefelder — album

482 — + Isabey (J. B.) — dessin B. Mocatta.

119 + Devéria — 4 pièces, Valencien — Femme d'Ischia — Chef d'Albanais — (ces 3 en coul.) — portrait de J. Arosse.

34 [illegible]

[illegible] 0,05

CATALOGUE
D'ESTAMPES

des XVIe au XIXe Siècles

PORTRAITS — COSTUMES

PIÈCES HISTORIQUES

CARICATURES

DESSINS

ETC.

Dont la vente aura lieu

à Paris, HOTEL DROUOT, Salle N° 9

Les Lundi 24 et Mardi 25 Février 1908

à 2 heures précises

Par le ministère de M° HENRI BAUDOIN

COMMISSAIRE-PRISEUR

Successeur de M° P. CHEVALLIER

10, Rue de la Grange-Batelière

Assisté de M. LOYS DELTEIL, Artiste-Graveur, Expert

2, Rue des Beaux-Arts

CONDITIONS DE LA VENTE

Elle sera faite au comptant.

Les adjudicataires paieront *dix pour cent* en sus des enchères.

M. Loys Delteil remplira les commissions que voudront bien lui confier les amateurs ne pouvant y assister ; il se réserve, en outre, la faculté de diviser ou de rassembler les lots.

MM. les amateurs pourront visiter la collection, 2, *rue des Beaux-Arts*, du Mardi 18 au Samedi 22 Février, de 2 heures à 5 heures.

ORDRE DES VACATIONS

Lundi 24 Février . . . . Nos 1 à 200

Mardi 25 id. . . . . Nos 201 à la fin.

POUR PARAITRE LE 30 MARS 1908

Le Peintre-Graveur Illustré

(XIXe & XXe SIÈCLES)

par LOYS DELTEIL

TOME III consacré à INGRES et à EUG. DELACROIX

et contenant la biographie des Maîtres,
le Catalogue raisonné de leur œuvre gravé et lithographié
et le fac-similé de toutes les pièces décrites.

1 volume in-4° d'environ 220 pages, orné des portraits de INGRES et de DELACROIX, d'environ 170 fac-simile et d'une eau-forte originale de DELACROIX.

45 Exemplaires de luxe avec une eau-forte originale de DELACROIX (*Tigre couché à l'entrée de son antre*) . . . . **40** francs
300 Exemplaires avec l'eau-forte de DELACROIX. . . **22** —
100 — sans l'eau-forte . . . . **15** —

A l'apparition de l'ouvrage, le prix en sera porté, pour les exemplaires de luxe, à **50** francs, et les exemplaires ordinaires à **25** et **20** francs.

BULLETIN DE SOUSCRIPTION

(A renvoyer à M. LOYS DELTEIL, 22, rue des Bons-Enfants)

Je, soussigné, déclare souscrire à.............................*exemplaire*

du Tome IIIe du PEINTRE-GRAVEUR ILLUSTRÉ, au prix

.... *francs l'exemplaire.*

Signature et Adresse:

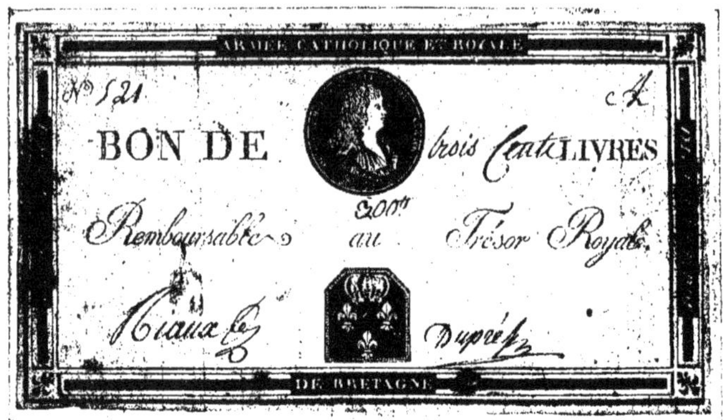

N° 338 du Catalogue.

DESIGNATION

ALIX (P. M.)

1. Rousseau (J. J.)—Voltaire. Deux pièces de formes ovales, d'apr. Garnerey. Belles épreuves, *imp. en couleurs*

2. Bossuet — Alembert (d') — Condillac (L'Abbé). Trois pièces. Belles épreuves, deux *imp. en couleurs, avant la lettre* (une avec cache).

AUGUSTE, CORNILLE, E. FOREST, etc.

3. Conquête d'Alger, Victoires et Conquêtes, 16 pl. en 1 alb. in-4 cart.

BAROCHE (Frédéric)

4. L'Annonciation (B. 1). Très belle épreuve. Rare.

BARTOLOZZI (F.)

5. La Charité. In-fol. de forme ovale. Belle épreuve *avant la lettre*, *tirée en sanguine* (piqûres).

BARYE (A. L.)

6. Etude de Tigre. Belle épreuve (lég. piquée).

BAUDOUIN (d'après P. A.)

7. Le Matin — Le Midi — Le Soir — La Nuit. Suite de quatre pièces, par E. De Ghendt. Belles épreuves de tirage postérieur.

8. Le Poëte Anacréon, par N. De Launay. Très belle épreuve.

BAUDOUIN et LAVREINCE (d'après)

9. Le Curieux, par Maleuvre — Le Contretemps, par Dequevauviller. Deux pièces. Belles épreuves de tirage postérieur.

BELLANGÉ (Hipp.)

10. Le Billet de logement — Bataille de Valmy — Le Retour de la Ville. Trois pièces. Belles et très rares épreuves, *avec croquis en marge*.

11. Sujets militaires et Scènes de Mœurs, 60 pl.

12. Sujets divers extraits des Albums, 63 pl. Belles épreuves.

13. *Souvenirs Militaires de la République, du Consulat et de l'Empire, par Hte Bellangé*, Paris, Gihaut (s. d.), couverture (restaurée) et suite de 12 pl. sur chine, en 1 alb. in-fol. cart. — Le jeu, 4 pl. Deux albums.

BOILLY (L.)

14. C'est ma bonne maman — Embrasse moi ma sœur. Deux pièces se faisant pendants. Belles épreuves.

15. Le Bon Ménage, 1830 — Instant désagréable, 1836 — Les Déménagements (sans marges). Trois pièces.

BOILLY (d'après L.)

16. Scènes de voleurs, par Gror. Deux pièces, se faisant pendants. Rares épreuves *avant toute lettre*.

BOIZOT (d'après)

17. Apollon instruisant les Bergers d'Admète — Présage de la grandeur future de Servius Tullus — Coriolan sollicité — Régulus partant pour Carthage. Quatre pièces in-fol. de forme ovale, par Clement et Roger. Belles épreuves.

BONINGTON (d'apr. R. P.)

18. Sujets de genre, 7 pl. par Reynolds et L. Noel, (4 *avant l. l.*).

BONNET (L. Marin)

19. L'Amour et Psyché, d'apr. Coypel. Belle épreuve, *imp. en couleurs*, *cadre or* (sans marges).

BOREL (d'après A.)

20. L'Indiscret, d'après Dequevauviller. — J'y passerai, par R. de Launay. Deux pièces. Belles épreuves de tirage postérieur,

BOULANGER (Louis)

21. Les Orientales, Deux pièces. Très belles épreuves, sur chine.

BOYS (Th.)

22. *Picturesque Architecture in Paris... and... Rouen*, 1839, frontispice, dédicace et 17 pl. (sur 26) en 1 alb. in fol. cart.

BURGKMAIR (Hans)

23. Philippe Ier, roi d'Espagne — Maximilien Ier — Albert II. Trois pièces. Très belles épreuves.

CARÊME (d'après Ph.)

24. Le Réveil du carlin, par Carrée. Belle épreuve, encadrée.

CARICATURES

25. Marrons rotis — Un Corps de Garde de la Garde Nationale — La Jument à deux mains — Rencontre d'Officiers Anglais et Ecossais à Paris, etc. Douze pièces. Belles épreuves, la plupart *coloriées.*

26. Ce qu'on dit et ce qu'on pense — Compensations, 24 pl. par G. Scheffer et Philipon. Belles épreuves, *coloriées.*

27. Scènes de Mœurs. Douze pièces par Caroline Naudet, Auvray, etc. Belles épreuves, *coloriées.*

28. Scènes de Mœurs, 14 pl. par Daumier, Monnier, Lami, la plupart *coloriées.*

29. Caricatures politiques — Scènes de Mœurs. Trente-quatre pièces, la plupart publiées par Martinet, plusieurs rares. Belles épreuves.

30. Scènes de Mœurs. Quarante-trois pl. par Traviès, Scheffer, Philipon, etc., la plupart *coloriées.*

31. Scènes de Mœurs. Soixante pièces par Daumier, Traviès, Scheffer, Numa, etc., la plupart *coloriées.*

32. Scènes de mœurs. Soixante pl. par Philipon, Traviès, Scheffer, Bouchot, etc., la plupart *coloriées*.

33. Caricatures et Scènes de Mœurs. Soixante-dix pl. par Scheffer, Lami, Traviès, Philipon, etc., la plupart *coloriées*.

34. 70 pl. *de la Caricature*, par Daumier, Traviès. Grandville. etc., réunies en album.

35. *La Caricature, Journal, et Association Mensuelle*, 125 pl. par Traviès, Grandville, etc., plusieurs *coloriées*.

CASA (N. della)

36. Cosme de Médicis. Bonne épreuve.

CATALOGUES DE VENTES

37. Sous ce numéro, il sera vendu par petits lots. environ 250 catalogues de vente (en partie illustrés) et parmi lesquels : San Donato, Vve Millet, Mame, Meissonier, Ch. Jacque, Camando, Beurnonville, Wilson, Doria, Cottier, P[sse] Mathilde, Double, Blot, Daupias, A. Dumas, Burty, Champfleury, Lutz, Vever, Thoré, etc.

CATHELIN — THOMAS — LEPICIÉ

38. St Germain (Cte de), 1783 — Richer de la Morlierre, d'apr. La Tour — Terray (J. M.), d'apr. Roslin. Trois pièces. Belles épreuves.

CHARLET (N. T.)

39. Sujets divers extraits des Albums, 180 pl. Belles épreuves, 85 sur chine.

CHARON

40. Grouchy — Poniatowski — Marceau — Oudinot — Cambronne — Mortier. Six pièces, une *non terminée*, trois *imp. en couleurs*.

CHEVILLET (J.)

41. La Santé portée — La Santé rendue. Deux pièces, d'apr. Terburg, se faisant pendants. Très belles épreuves.

42. Leçon de botanique — Mlle sa Sœur. Deux pièces, d'apr. Schenau et Heillmann. Belles épreuves.

Pict

CLARK (John Heaviside)

43. *A Practical illustration of Gilpin's Day of Landsague scenery..... painting in Water Colours by John Heaviside Clark.....* London, 1824. Bel exempl. cart. contenant 30 pl. en couleurs.

COCHIN fils (d'après C. N.)

44. L'Abbé Pommier, par Demarteau. Très belle épreuve, *tirée en sanguine.*

45. Cochin fils — Diderot — Watelet — J. D. S. Chardin — Mlle Pouget — Hume, etc. Huit pièces.

Pict

COQUART (A.)

46. *Vue du Chateau et des Jardins de Versailles du côté de l'Orangerie*, grande pièce en 6 feuilles. 1712. Bel exemplaire.

COSTUMES ET COIFFURES

47. Costumes. Sept pièces, par St Igny et Michel Lasne. Belles épreuves.

Pict

48. La Noblesse à l'Eglise, par A. Bosse, d'apr. St Ingy; 9 pl. y compris 2 doubles — Costumes Louis XIII, Ensemble 11 pl.

49. Coeffures sans redoute et aux charmes de la Liberté. Deux pièces publiées par Depain. Très belles épreuves.

50. *Making a Lancer — The Bustle!!! — Berkley's black eyé d Maid — Stuhlwagen — A Check*

Pict

to Corsican... Cinq pièces. Belles épreuves, *coloriées.*

51. Cris de Paris, par M. Poisson, 4 frontispices et 12 pl. à toutes marges.

52. *Est-ce ça?* — Officiers de l'Armée Anglaise — Mousquetaires noirs de la Garde du Roi — L'Aimable Prussien, etc. Vingt pièces par A. Godefroy, Maleuvre, etc. Belles épreuves, la plupart *coloriées.*

53. Jeux de société — Mode du Jour — Un Coin du Pont Neuf — Costumes — On la tire aujourd'hui — La Mère à la Mode, etc. Vingt-cinq pièces, la plupart *coloriées.* Belles épreuves.

54. Costume Parisien, an 7 à 1806. Seize pl. *coloriées.*

55. Costume Parisien, an 13 à 1812, 54 pl. *coloriées.*

56. Costume Parisien, an 6 à 1812, 130 pl. Belles épreuves *coloriées.*

57. Mode de Paris, 17 pl. par Gatine, d'apr. H. Vernet. Belles épreuves, *coloriées.*

58. Costumes de divers Pays — Travestissements, Hte Classe, etc. Dix pl. *coloriées*, une *avant toute lettre.*

59. Haute et moyenne Classes — Costumes de divers Pays, 29 pl. *coloriées.* Belles épreuves.

60. Costumes et Coiffures du XVIIIe siècle notamment, 24 pl. Belles épreuves.

61. Coiffures, 8 pl. par Bartsch, Devéria, etc.

62. Costumes et charges sur les Modes. Vingt-quatre pièces, la plupart par Gérard-Fontalard.

63. Costumes militaires français et étrangers, 29 pl. (y compris 4 dessins), par Duflos, Larcher et Ebner. Belles épreuves, *coloriées.*

64. Costumes divers, 29 pl. (XVIIIe et XIXe siècles).

65. Costumes divers, 35 pl. (Epoque Louis XVI et Directoire notamment), la plupart *coloriées.*

66. Modes, d'après Desrais, 41 petites pl.

67. Costumes divers. Dix dessins.

68. Ste Famille — Jugement de Pâris. Deux pièces manquant de conservation.

69. La Poule, La Valse, l'Eté, le Moulinet, le Fandango, La Pastourelle, l'Anglaise. Huit pièces par Lebas, d'apr. (E. Lami?) et Chasselat, épr. *coloriées.*

70. Les Sens. Suite complète de cinq pièces. Belles épreuves.

DAULLÉ (J.)

71. Mignard (Catherine), d'apr. P. Mignard (E. Del. 47). Belle épreuve.

DAUMIER (Honoré)

72. Départ pour Lyon (H. et L. D. 206 RR). Très belle épr., *coloriée.*

73. Décembre 1830 (208 RR). Très belle épreuve, *coloriée.*

74. Le Patrouillotisme chassant le patriotisme au Palais-Royal (209 R). Très belle épreuve, *coloriée.*

75. Nous n'avons plus besoin de vous (211 RR). Très belle épreuve, *coloriée.*

76. Dieu, ai-je aimé cet être là. (216 RR). Belle épreuve du 1er état, *coloriée.*

77. Monseigneur s'ils persistent... — Pauvres moutons !... (210-217). Deux pièces. Belles épreuves, *coloriées.*

78. *J'suis d'garde à la merrie*, lithographie signée : H. D., et *non décrite.* Fort rare.

79. Enfoncé Lafayette!... attrape mon vieux! Belle épreuve (petites cassures en marge).

80. Portraits-charges et caricatures extraites de *La Caricature*, 30 pl., la plupart en belles épreuves.

DEBUCOURT (P. L.)

81. La Marchande d'Eau de Vie — La Marchande de Cerises — La Marchande de Saucisson. Trois pièces, d'ap. C. Vernet. Belles épreuves, *coloriées*.

82. Passez, Payez, d'apr. Vernet — Mameluck. Deux pièces. Belles épreuves, *coloriées*.

83. Paysages, effet de neige (255-256). Deux pièces *imp. en couleurs* (sans marges).

84. Louis XVIIIe, d'apr. Isabey (326) — Louis XVIII, d'apr. Brea. Deux pièces. Belles épreuves, une *tirée en bistre*.

85. Madame la Duchesse d'Angoulême au tombeau de ses Parents, d'apr. Mallet (332). Rare.

86. Une Soirée chez Mme Geoffrin, d'apr. Lemonnier. Belle épreuve (le titre coupé).

87. Intérieur d'une cuisine — Intérieur d'une salle à manger (496-497). Deux pièces d'apr. Drolling, se faisant pendants. Belles épreuves du 1er état, *avant la lettre*, piquées. (Encadrées).

DELACROIX (Eugène)

88. Cheval sauvage terrassé par un tigre (A. M. 10). Très belle épreuve, avant la lettre.

89. Lion de l'Atlas — Tigre Royal (42-43). Deux pièces se faisant pendants. Belles épreuves sur chine, avec les adresses (le Tigre *avant* que l'adresse n'ait été changée).

90. Jeune Tigre jouant avec sa mère (49). Très belle épreuve du 1er état.

DE LAUNAY (Nicolas)

91. De Troy (J. F. de), d'apr. Aved — Le Clerc fils (S.), d'apr. Nonnotte. Deux pièces. Très belles épreuves, *avant la lettre.*

DESCOURTIS (C. M.)

92. Vue de Interlaken — Vue de la Chapelle de Guillaume Tell. Deux pièces, d'apr. Wolf et Fuessli. Très belles épreuves, *imp. en couleurs.*

DEVÉRIA (Achille)

93. Devéria, par lui-même. (H. B. 1). Belle épreuve, remontée.

94. Les Filles du Roi Louis-Philippe (2). Belle épreuve.

95. Devéria (Mme Achille) (224). Belle épreuve. Rare.

96. La Reine des Belges (7 bis). Très belle épreuve.

97. La Contemporaine (Mme Ida St Elme) (13). Belle épreuve sur chine.

98. Dumas (Alex.), assis sur un canapé (16). Très belle épreuve sur chine. Rare.

99. Dumas (Alex.), en buste (17). Très belle épreuve sur chine.

100. Hugo (Victor), 1829 (24). Très belle épreuve sur chine.

101. Lamartine (A. de) — Vigny (A. de) Deux pièces, sur chine.

102. Roqueplan (Camille). Très belle épreuve.

103. Grevedon (H.) (82). Belle épreuve.

104. Robert (Mme Louis) (129). Très belle épreuve sur chine. Rare.

105. Gasc (Mlle Honorine), 1840 (262). Belle épreuve sur chine. Rare.

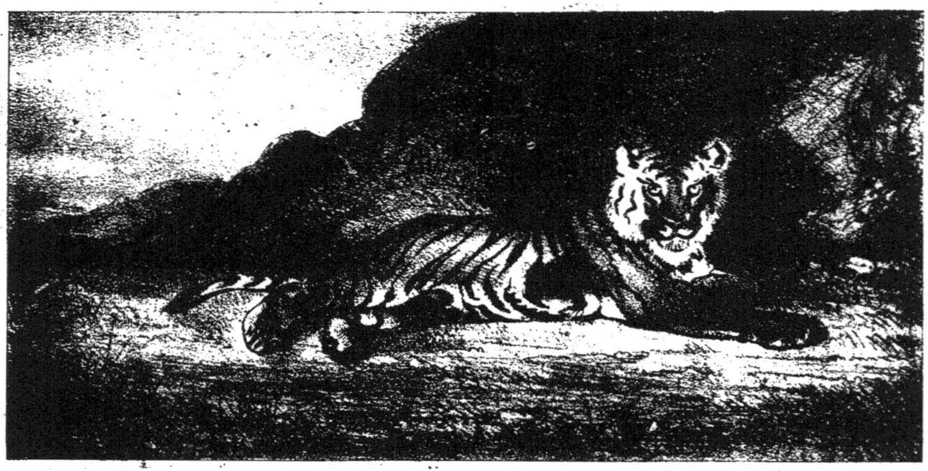

L'ARTISTE

Barre.

ETUDE DE TIGRE

N° 6 du Catalogue.

106. Toméoni (Mlle) (301). — Neuhauss (Mme) (286). Deux pièces. Belles épreuves (sans marges).

107. Portrait de Femme. Très belle épreuve.

108. David d'Angers — Dona Maria — Henri Herz — Louise en Ecosse. Quatre pièces.

109. Minuit. Belle épreuve.

110. 4 Heures du Matin (Mlle Laure Devéria) (428 bis). Belles épreuves.

111. Huit heures du Matin (Mme A. Devéria) — Neuf heures du Soir (Mlle Laure Devéria). Deux pièces. Belles épreuves d'essai.

112. Le Goût nouveau, pl. 7, 8, 13 — Blanche, Nathalie, Octavie, Valérie. Sept pièces. Belles épreuves.

113. Album lithographique de divers sujets, 1829. Suite complète de 12 pl. en 1 alb. in-4 cart.

114. Les Mois. Suite complète de douze pièces. Très belles épreuves sur chine.

115. Les Baisers, 9 planches *coloriées* et remontées, réunies en 1 alb. petit in-fol. cart. (1 pl. de Devéria est ajoutée, soit 10 pièces).

116. Naissance d'Henri IV — Jugement de Marie-Stuart. Deux pl. gr. in-fol. d'apr. E. Devéria. Très belles épreuves.

117. La Leçon de piano — Comment l'appelerons-nous — Je te l'avais bien dit — Convalescence — Réveil — L'Entorse — Satisfaction — Ne tourmente pas ta sœur. Huit pièces. Belles épreuves.

118. Le Mari dehors... — Le Bain — La Captive — La Paresse — Motifs variés, etc. Huit pièces (une par Numa).

119. Portraits et scènes de genre. Dix-sept pièces, plusieurs *coloriées*.

120. Dona Domania — La Prière — Quel parti prendre? — Que mes enfants sont beaux! — Le Groom —

Soins maternels, etc. Vingt-huit pièces. Belles épreuves.

DIVERS

121. Entrée de Mr Blanchard et du Ch[r] Lepinard à Lille, 26 août 1785 — Quatorzième expérience aérostatique de M. Blanchard, à Lille, 26 août 1785 — Fanchon la Vielleuse, par Schenker, *épreuve av[t] t. l. l.* Trois pièces.

122. Triomphe de la Paix, dessin (XVIIe siècle) — Scène historique, par Perelle — Portrait équestre d'un piqueur, épr. *av[t] t. l.* — La Jolie Fille de la Garde, par C. Nanteuil. Quatre pièces.

122 *bis*. La Lettre, par J. Chereau, d'apr. de Troy — Le Galant, par Savry — L'Enfant prodigue, par A. Voet, d'apr. C. de Vos — Bal à Amsterdam, 1768, par R. Vinkeles. Quatre pièces. Belles épreuves.

123. Marie Madeleine — La Madonne du Corrège — Le Départ — Les Bulles de Savon, etc. Sept pièces par Strange, Darcis, R. Girard, etc, d'apr. le Corrège, Metzu, Isabey, etc. Belles épreuves, 3 *av[t] t. l.*

124. Zélia, par Mlle Bailley — Vue de Neuville, épreuve rehaussée — Attributs, dessin à la Sanguine — Rosina, par Maile, d'apr. Lepaulle — Anna Davies, par B. Smith, d'apr. Hoppner — Vénus, par Thouvenin et Chaponnier, etc. Neuf pièces, plusieurs *imp. en couleurs* ou *coloriées*.

125. Caricatures — Les Baigneurs — Le Petit Gourmand pris en défaut — L'Amour, dessin à la sanguine, etc. Quatorze cadres.

126. Portraits, costumes, sujets divers, 17 pl. anciennes et modernes.

127. Sujets divers, Portraits, Paysages, 25 pièces.

128. Sujets divers, 30 pl., la plupart du XVIIIe siècle.

129. Le Bouquet à papa — Contes de La Fontaine — Dessins divers, etc., 44 pl.

130. Sujets divers, 58 pl. anciennes et modernes.

131. Musée des Dames, 12 pl. en album, cart. de publ. — La Madeleine, par Martin, d'apr. G. Reni, 6 épr. *signées*.

132. Sujets divers et Paysages — Amours, par Penet — Contes de La Fontaine, par Hersent, etc., 80 pl.

133. Sujets divers et Paysages, 235 pièces modernes.

DORÉ (G.)

134. *Les Différents publics de Paris*, titre et suite complète de 20 pl., en 1 alb. in-4 obl. cart.

135. La Ménagerie Parisienne, suite de 24 pl. (1 pl. est double, soit 25 pl.), en 1 alb. in-4 obl. cart. (exempl. court de marges).

BREVET (P.)

136. Cotte (R. de), d'apr. H. Rigaud. Belle épreuve.

137. Maria Serre, mère d'H. Rigaud (D. 110). — Louis XV conduit par Minerve au temple de l'Immortalité (22). Deux pièces.

DROLLING (d'après)

138. *L'Amant Multier* (sic) — Le Charbonnier. Deux pièces par Maradan, se faisant pendants. Très belles épreuves, *imp. en couleurs*.

DUBUFE PÈRE (d'après)

139. Sujets gracieux. Six pièces par S. W. Reynolds et Maile, quatre formant série. Belles épreuves.

DURER (par et d'après)

140. Sujets et Portraits. Six pièces.

DURER et REMBRANDT (d'après)

141. Sujets divers et Portraits, 28 pièces.

DYCK (d'après Ant. van)

142. *King Charles the first*, par J. Boydell, 1778. Très belle épreuve.

EARLOM (R.)

143. *Suzanna and the Elders*, d'apr. Rembrandt, 1769. Très belle épreuve.

ÉCOLES ANCIENNES

144. Sujets religieux — Allégories. Treize pièces par ou d'après R. Boyvin, Goltzius, Le Clerc, Callot, etc.

145. La Vierge au sceptre, par L. de Leyde. — Rupture de la Digue St-Antoine, à Amsterdam, par P. Nolpe — Antiope et Vénus, par Soutman, d'ap. A. van Dyck et le Titien — Officiers, d'après Goltzius. Sept pièces, la plupart en belles épreuves.

146. Sujets divers. Vingt-huit pièces par ou d'apr. Durer, B. Montagna, Raimondi, Goltzius, etc.

147. Portraits, sujets et Paysages. Onze pièces par ou d'apr. Rembrandt, Van Dyck, Berghem, Ostade, etc.

148. Sujets religieux. Vingt-sept pièces anciennes et modernes.

ÉCOLES FRANÇAISE ET ANGLAISE (XVIIIe siècle).

149. Jeune Femme en buste. Ovale in-8. Très belle épreuve, *avant toute lettre.*

150. La Bacchante. Belle épreuve, rognée.

151. Seraphine Féliciani, Ctesse de Cagliostro. Belle épreuve, tirée en bistre et sanguine.

152. Le Petit Jour, par N. De Launay d'apr. Freudeberg — Le Contretemps, par Dequevauviller. Deux pièces. Belles épreuves de tirage postérieur.

153. *Free as their thoughts....* par J. Faber, 1744, d'apr. P. Mercier — *Boys and Dogs*, par H. Dawe, d'ap. Gainsborough — *Blandarum prima Sovorum* (Mme de Pompadour?), par B. Vogel, d'apr. Kupezky. Trois pièces. Belles épreuves.

154. Charlotte au tombeau de Werther, par Ruotte (épr. imp. en couleurs) — Vénus et Adonis, Salmacis et Hermaphrodite, par Vidal, d'ap. Monnet (épr. manquant de conservation). Trois pièces.

155. Frontispice pour un ouvrage de Géographie, par N. Le Mire (J. H. 422) — Erigone, par Massard, d'apr. Mieris — Décoration du Bal paré donné à Versailles, à l'occasion du Mariage du Dauphin, 1745, par Cochin père. Trois pièces in-fol. Belles épreuves.

156. Le Rossignol, La Jument du Compère Pierre, par Ramberg — Repas de campagne, par Desplaces, d'apr. A. Watteau. Trois pièces (2 *coloriées*).

157. *The Tribut Money*, par Hodges, d'apr. B. Strozzi — La Conclusion du Traité de Troyes avec Henri V, par F. Bartolozzi, d'apr. W. Hamilton — Malvina, par Dickinson, d'apr. Harvey. — La Réconciliation, par S. W. Reynolds, d'apr. Stephenoff. Cinq pièces, trois *imp. en couleurs*.

158. Les Bergers russes, par Tillard, d'apr. Le Prince — Renaud et Tancrède, par Porporati, d'apr. C. Van Loo — La Tricoteuse endormie, d'apr. Greuze — Le Fiacre, par Pasquier, d'ap. Jeaurat. — L'Orage, par H. Cardon (d'ap. Westall?). Cinq pièces. Belles épreuves (2 *av^t l. l.*).

159. Sujets gracieux. Six petites pièces de forme ronde, pour boutons. Belles épreuves.

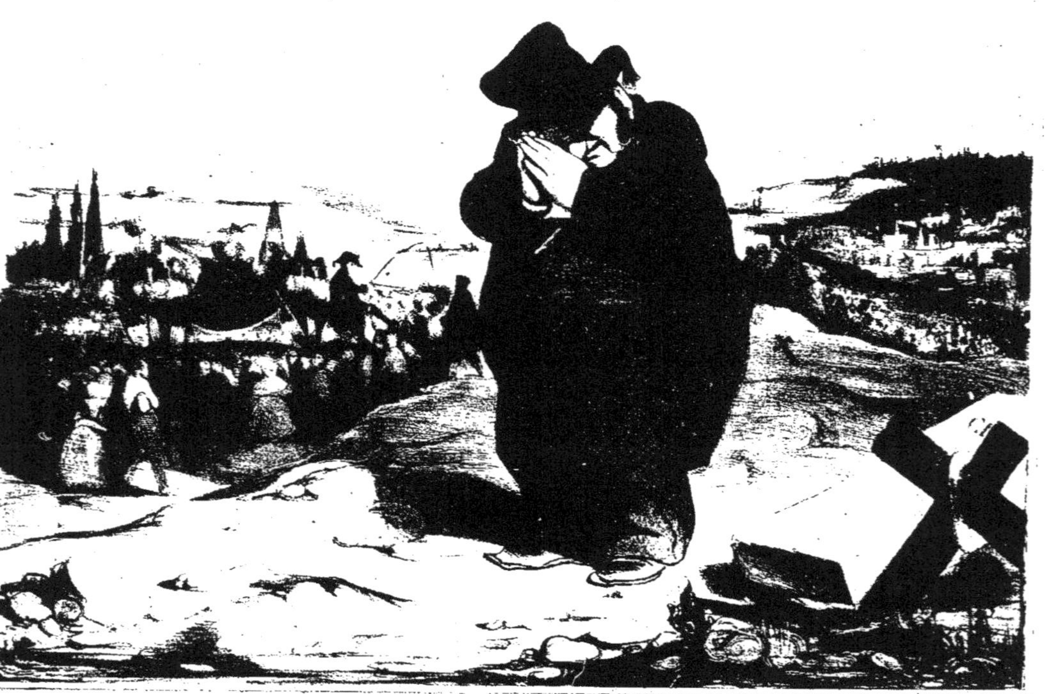

N° 79 du Catalogue.

160. L'Agréable Leçon — Les Voisines laborieuses, — Les Villageois, etc. Sept pièces par Gaillard, Moitte, Le Prince, etc., d'apr. Boucher, Debucourt, Eisen, Moreau, une à l'état d'eau-forte.

161. *Royal Acade of Arts*, par W. Ryland — Le Festin Royal et le Bal masqué, par Moreau (tirage moderne) — Céphise, Andromaque, par Alix — Calliope, par Phelippeaux — Evelina, par Ruotte — Le Débauché, par A. Legrand. — Cornélie. Dix pièces, la plupart *imp. en couleurs ou coloriées.*

EDELINCK (G.)

162. Hozier (Ch. d'), d'apr. H. Rigaud. Belle épreuve.

163. Descartes (René), d'apr. F. Hals — Gobinet (C), d'ap. Largillière — Ferdinand, évêque de Paderborn. Trois pièces. Belles épreuves.

164. Colbert (J. B. M.), d'apr. N. de Largillière — Furetière (Ant.), d'apr. de Sève — Mansart (F.), d'apr. Namur Tallemant (P.), d'apr. Coypel. Quatre pièces.

165. Henri, comte de Nassau — Duc de Bourgogne — Ch. d'Hozier — Ant. Coypel. — Louis XIV (Ouy, Grand Roy....) — Jeanne d'Autriche. Six pièces.

EISEN (d'apr. Ch.)

166. Le Matin, par J. de Longueil. Belle épreuve.

ESTAMPES JAPONAISES

167. Sujets divers, 17 pièces.

FICQUET-SAVART-GAUCHER

168. La Fontaine — Le Vayer — Piis — La Borde (de) — J. P. Le Bas — Mme Deshoulières, etc. Neuf pièces. Belles épreuves.

FIESINGER (G.)

169. Bonaparte — Kléber — Bernadotte — Desaix — Masséna, etc. Quatorze pièces réunies en 1 alb. in-fol. cart.

FRAGONARD (d'après H.)

170. L'Inspiration Favorable, par L. M. Halbou. Epr. encadrée.

FRAGONARD, CHALLE, SAINT-AUBIN (d'après)

171. Le Verre d'eau, par Ponce — Les Appas multipliés, par Dennel — Le Réfractaire amoureux, par St Aubin. Trois pièces. Belles épreuves, de tirage postérieur.

GAILLARD (R.)

172. Beaumont (Christ. de), d'apr. J. Chevallier — Castanier (F.), d'apr. H. Rigaud. Deux pièces. Belles épreuves.

GAINSBOROUGH (d'apr. Th.)

173. *A Shepherd*, par R. Earlom. Belle et rare épreuve, *avant toute lettre*.

GAUGAIN (T.)

174. *A Boy returning from fishing* — *A Girl going to Market* — *The Wood Boy*. Trois pièces, d'apr. Barker. Belles épreuves, *imp. en couleurs*. Encadrées.

GAVARNI

175. Raymond La Garrigue (43 RRR), 2e pl., très belle épreuve sur chine, avec dédicace de La Garrigue — Chandellier (Ch.), épr. sur chine, remontée. Deux pièces.

176. Amours, pl. 2, 6, 7 et 9. Quatre pièces. Belles épreuves.

177. Les Bals masqués, 15 pl. (y compris des doubles de tirages différents) en 1 alb. in-4 cart.

178. Etudes d'Enfants (1716-1725). Suite complète de 12 pl. en 1 alb. in-4 cart.

179. Etudes d'Enfants, pl. 2 à 5, 8 à 11, soit huit pièces. Belles épreuves, *coloriées*.

180. Petits jeux de société (1974-1979). Suite complète de 6 pl.

181. La Boîte aux Lettres, 19 pl. — Souvenirs de Carnaval, pl. 1 à 5. Ensemble 24 pièces.

182. Les Toquades, couverture et suite complète de 20 pl. sur chine en 1 alb. in-4. Bel exemplaire.

183. *Œuvres nouvelles de Gavarni : Par-ci, par-là et Physionomies parisiennes, 100 Sujets* — Paris, A. Marc, s. d. Bel exempl. cart. d'édit.

184. Cent-quinze planches appartenant à diverses séries. *Ce n° pourra être divisé.*

GEILLE (A.)

185. Lafayette. Très belle épreuve, *avant la lettre*, sur chine.

GENIOLE (A.)

186. Les Femmes de Paris, suite de 30 pl. *coloriées* (sauf une) en 1 alb. in-4 cart.

GIFFART (P.)

187. Maintenon (Mme de). Belle épreuve. Rare.

GRANDVILLE (J. J. I.)

188. Les Breuvages de l'Homme, pl. 1 à 6, épreuves *coloriées*, réunies en 1 alb. in-4 cart.

GRAVURES AU BURIN

189. St Famille — Marguerite — Ophélie — Bon Denon, etc. Sept pièces d'apr. Raphaël, Botticelli, A. Scheffer, et par Metzmacher, Debois, Viboud, etc. Belles épreuves, *avant la lettre.*

190. Neptune et Amphitrite — L'Enlèvement de Psyché — L'Enlèvement de Déjanire — St Famille. Quatre pl. par Bervic, Richomme, Muller, Lorichon, d'apr. J. Romain, Le Guide, Raphaël et Prudhon, 2 *av[t] l. l.*

GREEN (V.)

191. Mort de Bayard, d'apr. B. West. Très belle épreuve.

GREUZE (d'apr. J. B.)

192. L'Heureuse union, par Le Bas — La Malédiction paternelle, par R. Gaillard. Deux pièces, la seconde *signée* au verso, par le peintre et le graveur.

GREVEDON (Henri)

193. Grevedon (Mme), 1830. Très belle épreuve sur chine.

194. Portraits de Femmes. Quatre pièces *avant la lettre* (2 sur chine).

195. Dupont (Mlle), de la Comédie Française. Très belle épreuve.

196. La Reine des Belges — Amélie, Impératrice du Brésil — Types Féminins. Treize pièces. Belles épreuves.

197. P[ce] Demidoff? — Mlle Noblet — Orléans (Marie d'), etc. Six pièces. Belles épreuves, *avant la lettre.*

198. Têtes de Femmes de fantaisie. Onze pl. in-fol.

GRIGNON — BOULANGER

199. St Vincent de Paul. Deux pièces. Belles épreuves.

GUDIN (Th.)

200. Paysages et Marines. Quatorze pièces, la plupart sur chine.

HARPIGNIES (H.)

201. Paysage (H. B. 17). Très belle épreuve sur chine. Rare.

202. Le Crépuscule, d'après A. Knyff. Non décrit. Très belle épreuve sur chine.

HELLEU (P.)

203. Jeune Femme coiffée d'un chapeau à plumes, accoudée. Très belle épreuve, *signée*.

204. Mme Helleu accoudée et croquis d'Elleu. Très belle épreuve, *signée*.

205. Jeune Femme, de profil à droite. Très belle épreuve, *imp. en couleurs, signée*.

HOGARTH (William)

206. St Paul devant Félix (Ch. Le Bl. 3 et 4) — Christophe Colomb faisant tenir un œuf (24) — The Times, n. 2 (34) — Lord Lovat (50) — Wilkes (J.) (59). Six pièces. Très belles épreuves.

207. Projet de descente en Angleterre, pl. satiriques (27-28). Très belles épreuves.

208. Election d'un Membre du Parlement, 1755 (29-32). 3 pl. (d'une suite de 4). Très belles épreuves.

209. Les Comédiens ambulants (61). Très belle épreuve.

210. *Beer Street* — *Gin Lane* (63-64). Deux pièces se faisant pendants. Très belles épreuves.

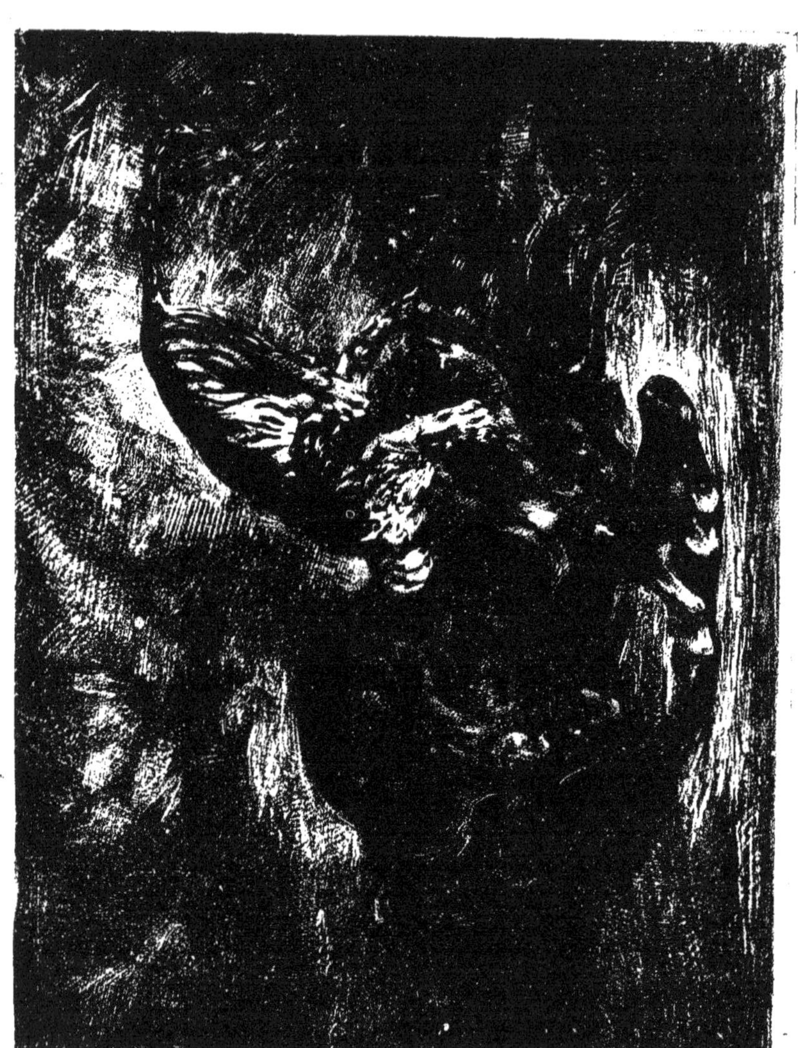

N° 88 du Catalogue.

211. Aventures d'un fils prodigue et débauché (77-84), 7 pl. (d'une suite de 8). Très belles épreuves.

212. *The Effects of Industry and Idleness* (85-96), 10 pl. (d'une suite de 12). Très belles épreuves.

213. Les Aventures d'une fille publique (97-102) 4 pl. (sur 6). Très belles épreuves.

214. *A Midnight Modern Conversation* (107). Très belle épreuve.

215. *Before and after* (108-109). Deux pièces se faisant pendants. Très belles épreuves.

216. La Misère du Poète (110). Très belle épreuve.

217. *The Stage of cruelty* (111-114), 3 pl. (d'une suite de 4) — Crédulité, superstition et fanatisme (115). — L'Assemblée endormie (68) — The Pathos (118) — Procession électorale dans la cour d'une auberge (124). Sept pièces. Très belles épreuves.

218. Les Cinq ordres de perruques (116) — L'Oratorio de Judith (120) — *The Bench*, caricature contre les Médicis (121) — *The Company of Undertakers* (122). Quatre pièces. Très belles épreuves.

219. *The Batle of the Picturis*, carte d'entrée à une vente de tableaux (123). Très belle épreuve. Rare.

220. *The Bruiser C. Churchill.....* (125) — Une Assemblée de Docteurs (67) — *Characters*, etc. Six pièces. Très belles épreuves.

HOLLAR (W.)

221. Vase sacré — Portraits de Femmes. Cinq pièces.

HOPFER (les)

222. Tabernacle — Vases ornés — Militaires. Quatre pièces. Belles épreuves.

HUET (J. B.)

223. Sujets divers, Paysages et Animaux. Cent trente pl. plusieurs *imp. en couleurs*, réunies en 1 alb. in-4.

INGRES (J. D. A.)

224. Odalisque, 1825. Très belle épreuve.

225. Les quatre Magistrats de Besançon. Belle épreuve (cassures en marge).

ISABEY (J. B.)

226. Arrivée de son Altesse Royale le Duc de Bordeaux à Chambord (G. H. 29). Très belle épreuve.

227. Bal déguisé de J. Isabey, 1819. Très belle épreuve, tirée sur teinte. Rare.

228. Le Prince Eugène (77). Très rare épreuve du 1er état, *non décrit, avant toute lettre.*

229. Essais lithographiques d'Isabey (G. H. 14, 21, 81) (Mme H. Vernet), 16, 20, 19, 85 (Mlle de Pavant), 17, 18 et 15). Dix pièces en 1 alb. in-4 cart. Belles épreuves tirées sur teinte (sauf une).

230. Voyage en Italie, 1822 (37-66). Suite complète de 30 pl. et table, en 1 alb. in-4 cart.

231. Marie-Louise, par G. Rosaspina. Belle épreuve.

ISABEY (J. B. et Eug.)

232. Eugène (Le Prince) — Eug. Isabey — Marines, 8 pl., la plupart sur chine.

ISABEY (Eugène)

233. Retour au port, grande planche. Belle épreuve sur chine.

JEAURAT (d'apr. Etienne)

234. *The Coquette*, par J. Simon. Très belle épreuve.

JEUX

235. *Le Fameux Romain. Nouveaux Tours et façon de jouer des Goblets....* par Prevost. In-fol. Belle épreuve. Très rare.

JONGKIND (J. B.)

236. Moulins de Hollande. Très belle épreuve, *avant la lettre.*

KAUFMAN (d'après Angelica)

237. Histoire d'Héloïse et Abeilard. Quatre pièces de forme ronde, par Rose Le Noir, Pariset et Miss Martin. Belles épreuves, *coloriées* (mouillures).

KAUFFMAN et COSWAY (d'après)

238. La Tendre Mère (Lady Rushout) — La Mère Intéressante. Deux pièces publiées par Fatou, se faisant pendants. Belles épreuves, *tirées en bistre.*

LAMI (Eugène)

239. *Collection des Armes de la Cavalerie française en 1831.* Suite de 10 pl. in-fol. Belles épreuves.

LA TOUR (d'après M. Q. de)

240. Fontaine Solange de la Boissière (Marie L^{se}), par Petit. Belle épreuve.

LAURENCE (d'après Sir Thomas)

241. Portraits d'Enfants. Trois pièces *avant la lettre.* Belles épreuves, légèrement rehaussées.

242. Portraits d'Enfants. Quatre pièces *avant la lettre*. Belles épreuves légèrement rehaussées.

243. Portraits divers. Huit pièces *avant la lettre* (sauf une). Belles épreuves.

244. Ellis (Georgiano Agar) — Crocker (Miss) — Dover (Lady) — Cardinal Consalvi — *The Dar Branch* — Davis (R. Hart). etc. Vingt-deux pièces par C. Heath. L. Noel, Armytage, R. Graves, W. Sharpe, etc. Belles épreuves.

LAVREINCE (d'après N.)

245. Les Deux cages ou La plus heureuse, par de Brea. (19). Belle épreuve.

LE BEAU

246. La Partie d'œuf frais. Très belle épreuve.

LECLERC

247. Leclerc dessinant. Très belle épreuve, *tirée en sanguine.*

LECOMTE (P.) — NAUDET (C.)

248. Scènes de Mœurs. Suite 10 pl. coloriées (une en mauvais état), en 1 alb. in-4 obl. cart.

LECOMTE (Hippolyte)

249. *Scènes champêtres*, Paris. F. Delpech, s. d. couv. et suite de 15 pl. en 1 alb. in-4 obl. cart.

LEU (Thomas de)

250. Angleterre (Jacques Ier, roi d') — Marguerite de Valois — Montpensier (H. de) — Louise de Budos — Gabrielle d'Estrées. Cinq pièces. Belles épreuves.

LEVACHEZ — JAZET. — LE MIRE

251. La Fayette. Belle et rare *épreuve d'essai.* — Malle poste anglaise — Le Gateau des Rois. Trois pièces. Belles épreuves.

LINGÉE

252. Pauvre jeune Homme — Quel est le plus heureux des trois. Deux pl. se faisant pendants. Belles épreuves, remmargées et *coloriées.*

LITHOGRAPHIES

253. Sujets divers et Paysages, 16 pl. par L. Boulanger, P. Huet, P. Mercuri, E. Lami, J. Scheffer, etc Belles épreuves.

LITTRET (C. A.)

254. Vue de la Foire de Beaucaire, d'apr. Cleric — Plafond de la Salle de spectacle de Bordeaux, par Le Mire, d'apr. J. Robin. Deux pièces. Belles épreuves.

LUCAS (G. S.)

255. Le Festin de Balthazar (Le Bl. 3) — Le Départ des Israëlites d'Égypte (4) — La Plaie des Ténèbres (6) — Josué arrêtant le Soleil (7) — Les Israëlites emmenés captifs — Le Triomphe d'Achille — Le Camp du Drap d'Or — Passage des Croisades, à Constantinople. Huit pièces d'apr. Martin et Barker.

MADOU (J. B.)

256. *Album de Douze Sujets composés et dessinés sur pierre*, 1831, couverture et 12 pl. (appartenant à deux albums différents), en 1 alb. in-4 cart.

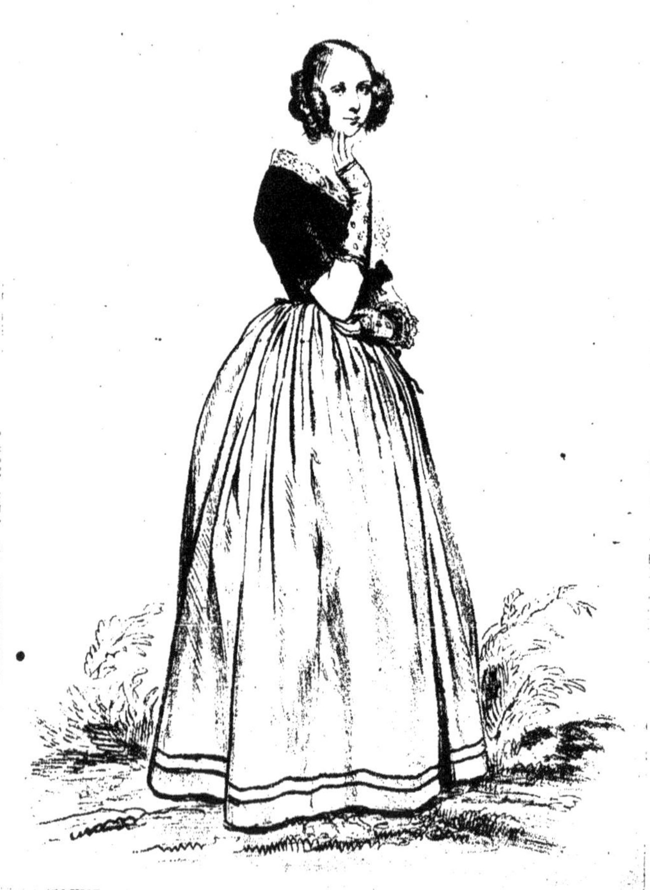

N° 104 du Catalogue.

MALLET (d'après)

257. Histoire de l'Amour. Suite de quatre pièces par Prudhon fils. Epreuves *imp. en couleurs* (Encadrées).

MARCENAY DE GHUY (A. de)

258. Marie-Antoinette de Bavière (L. Morand 19) — — Puységur (Mis de) (23) — Saxe (Maurice de) (27). — (Voyez d'Argenson). Quatre pièces. Belles épreuves, *avant la lettre.*

MARLET

259. *S. A. R. Monseigneur le Duc d'Angoulême visitant le Mont de Piété de Paris, le 18 juin 1819.* Belle épreuve. Rare.

MASSON (Antoine)

260. Masson (Ant.), par lui-même. Belle épreuve.

261. Louis-Auguste, duc du Maine. Belle épreuve (sans marges).

MIXELLE

262. Le Retour du Soldat, d'apr. Wheatley. Très belle épreuve.

MONNIER (Henry)

263. Mœurs administratives, 1828, frontispice et 5 pl. (sur 12) en 1 alb. in-4 cart. (épreuves en noir).

264. Grisettes, 6 pl. — English coachman — Marchandes de Modes — Petites félicités humaines, 4 pl. — Vues de Paris, etc. Vingt-deux pièces. Belles épreuves.

265. Londres — Passe-Temps, Jadis, Aujourd'hui, etc., 37 planches, la plupart en noir.

MONTCORNET (B.)

266. Portraits. Trente pièces.

MOREAU-LE-JEUNE (J. M.)

267. La Borde (J. C. de), 1771. Très belle épreuve.

268. *Estampe du tableau trouvé dans l'Eglise des ci-devant soy-disans Jésuites de Billom en Auvergne*, 1762 (227). Belle et très rare épreuve *avant toute lettre*.

MORIN (Jean)

269. Longueil (René de) — François Ier. Deux pièces. Très belles épreuves, la seconde remmargée.

NANTEUIL (Robert)

270. Castelnau (J. de) (R. D. 58) — Maridat (P. de) (168). Deux pièces. Belles épreuves.

NAPOLÉON Ier (Estampes relatives à)

271. *Traité de Paix signé à Amiens le 24 Mars An 10*, par Le Beau, d'apr. Naudet. Très belle épreuve.

272. Accouchement de Marie-Louise Impératrice des Français (A Paris, chez Mme Masson) — Voiture de S. M. le Roi de Rome (A Paris, chez Jean). Deux pièces. Belles épreuves, *coloriées*.

273. *S. M. le Roi de Rome en habit de garde nationale présentés au peuple à une fenêtre de son appartement chateau des Tuileries*; par Gautier. Très belle épreuve, *coloriée*. Rare.

274. Acte d'abdication de l'Empereur Napoléon. Placard.

275. *Esquisse représentant la réunion des Souverains accompagnant Sa Majesté l'Empereur et Roi au Bal donné par la Ville de Paris le 4 Décembre 1809*, par A. Godefroy. Belle épreuve. Rare.

276. *The Duke of Reichstadt*, par Bromley, d'apr. Th. Lawrence — Le Duc de Reichstadt, par Stober, d'apr. J. Ender. Deux pièces. Très belles épreuves, toutes marges.

277. Passage du Cortège de Napoléon Ier devant le Palais du Tribunal — La Reine de Prusse, DESSIN de A. Tardieu, et gravure — Joseph — Départ de la Reine de Prusse, etc. Neuf pièces.

278. Marie-Louise, Impératrice. Six pièces par Desnoyers, Pigeot, Ribault. Richomme, etc. Belles épreuves.

279. Scènes historiques — Allégories — Caricatures. Six pièces. Belles épreuves.

280. Portraits. Cinq pièces par Roger, Maille, Charlet, Barrier de L., (2 *avant l. l.*).

281. Scènes historiques et Portraits relatifs à Napoléon 1er et à son règne. Vingt-huit pièces, plusieurs rares.

282. Portraits et Scènes historiques, 42 pl.

283. Portraits — Batailles, etc. Vingt-deux pièces relatives à Napoléon III.

NÉE et MASQUELIER

284. Les Garantes de la félicité publique — Les Vœux du Peuple confirmés par la Religion. Deux pièces d'après St Quentin et Monnet, se faisant pendants. Très belles épreuves.

NERBÉ

285. Familiarité dangereuse — La Pantoufle. Deux pièces se faisant pendants. Belles épreuves, de tirage postérieur.

NORTHCOTE, BUNBURY et STOTHARD (d'après)

286. Histoire de Werther. Suite de sept pièces in-fol. de forme ronde, par Smith, Ogborne, Knigt et

Bartollozzi. Belles épreuves, *tirées en sanguine*. (Encadrées).

OPIE (d'après J.)

287. Le Mal d'Amour — La Jeune fille découverte. Deux pièces par A. Chaponier se faisant pendants. Epreuves *imp. en couleurs* (manquent de conservation).

OPTIQUE (Vues d')

288. Vues de Paris, Rouen, Londres, New-York, etc., 60 pl. *coloriées*. Belles épreuves.

ORNEMENTS

289. Boucher fils (F.), VI cahier (complet) VII (manque la pl. 4), VIIIe (complet), 2 en-têtes — 3e suite d'Arabesques (complet), soit ensemble 30 pièces. Belles épreuves.

290. Bry (de) — Delaulne — Jacquard. Ornements divers. Trente pièces, plusieurs rares.

291. De la Fosse (J. C.) Fauteuils, Secrétaire, Banquette, Baignoire, Lit, Bidets. Dix-huit pièces. Belles épreuves.

292. De la Fosse. Trophées, Attributs, 16 pl. Belles épreuves.

293. Ducerceau — Delaulne — Gaultier. Arabesques. Vingt-deux pièces.

294. Forty (J. F.) Boîtes à poudre, pl. 9 et 11 — Flambeaux — Pendules — Feu de cheminée. Neuf pièces. Belles épreuves.

295. Forty — De la Fosse. Pendule, Bougeoirs, Ecrans, Consoles. Neuf pièces. Belles épreuves.

296. La Joue — Fay — Cauvet. 3e Livre de cartouche, titre et pl. 2, 5, 9 et 12 — VIIe cahier d'Arabesques, 1 pl. — Les Mois, 4 pl. à 2 motifs — Arabesques. Douze pièces. Belles épreuves.

297. La Londe, Boucher fils. Consoles, Ecrans, Cartels, Etriers. Dix pièces.

298. Lavallée-Poussin. Arabesques et décorations, 25 pl. par Guyot, tirées en bistre.

299. Marillier (C. P.) *Nouveaux Trophées ou cartouches représentant les Arts et les Sciences....* Paris, Mondhare, front. et suite compl. de 12 pl. en cahier. Très belles épreuves.

300. Peyrotte. Attributs de l'Agriculture, de la Peinture, etc. Suite complète de 6 pl. en cahier. Belles épreuves.

301. Ranson. Groupes de Fleurs et d'Ornements, Trophées militaires. Vingt pièces, la plupart en belles épreuves.

302. Rapilly (éditeur). Ornements divers, 74 pl. à toutes marges.

303. Saint-Aubin (C. G. de). Premier et deuxième recueils de chiffres (numérotés de 1 à 13). Suite complète de 13 pl. par Marillier, en 1 alb. petit in fol. cart. Belles épreuves.

304. Toro — Pillemont, etc. Trophées, vases, cartouches, arabesques, lettres ornées. Vingt-trois pièces.

305. Dessins anciens. Trente dessins d'ornements et d'architecture.

306. Divers. Ornements, fontaines, vases, etc., 46 pl. par Boucher fils, Saly, Eisen, Michel, etc.

307. Ornements divers. Cinquante pl. anciennes.

308. Orfèvre grossier, orfèvre bijoutier, Ebenisterie et marqueterie, texte et 48 pl. (complet) par Benard, en 1 alb. in-4 cart.

PARIS ET DE FRANCE (Vues de)

309. Erection de la Colonne Vendôme, par Duplessi et Courbe, *avant la lettre*. Belle épreuve.

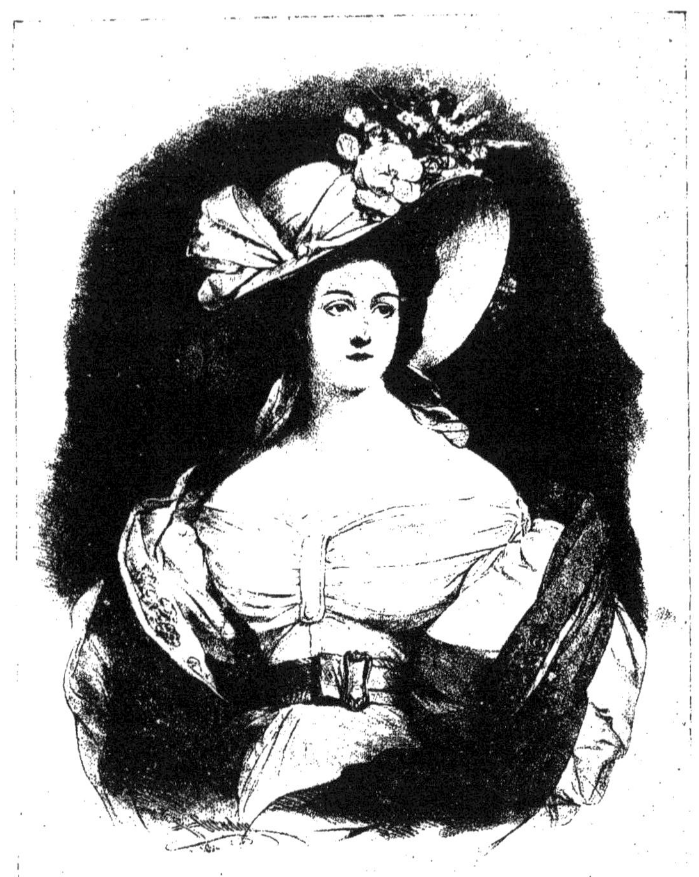

N° 194 du Catalogue.

310\. Le Palais-Royal, 2 pl. différentes, par W. Daniell, 1828. Epreuves *coloriées*.

311\. Profil du Mont Valérien (chez Jollain). Belle épreuve.

312\. Jardin des Tuileries, 3 pl. par Troll. Belle épreuve.

313. Vues de Paris, d'après Garbizza, pl. 7 et 9 — Vues de Paris, par Lewis et Harraden, d'apr. Girtin, 4 pl. — Chateau des Tuileries, par Durau, d'apr. Courvoisier. Sept pièces. Belles épreuves.

314. Perspective de la ville de Paris. par I. Silvestre, 1650 — La Tour de Nesle, etc. Dix pièces.

315. Vues d'optique, 15 pl. *coloriées*. Belles épreuves.

316. Jardin des Tuileries. Suite de 8 pl. par Troll, en 1 alb. in-4 cart. Très belles épreuves.

317. Vues de Paris, par I. B. Arnout, 21 pl. *coloriées*, en 1 alb. in-4. cart.

318. Vues du Vieux Paris, 22 pl. par Martial Potémont — Le Bal Mabile, 22 exempl., soit ensemble 45 pièces, y compris les doubles. Très belles épreuves.

319. *Cérémonie de la Levée de la Fierté par le Prisonnier, le Jour de l'Ascension, à Rouen*, par Jacques — Construction du Pont d'Orléans, par Chedel, *av^t l. l.* — Chapitre Noble de l'Argentière, par Ch. Boily — Le Pont et la Ville du Havre, par Le Bas. Quatre pièces. Belles épreuves.

320. Aspect de la Ville épiscopale de Nevers — Chatillon-sur-Indre — St Sevierre — Gretz — Villefranche — Rochefort (Besançon), par Chastillon. — Sept pièces.

PAROY (Le Comte de)

321. Fillette se mirant dans une glace, d'apr. Mme Vigée-Le Brun. Petite pièce de forme ovale. Très belle épreuve, *tirée en bistre*.

PATER (d'après)

322. Le Baiser rendu, par Filleul. Belle épreuve.

PHILIPPON (Charles)

323. PARIS (types de marchands), pl. 1, 2, 5, 7, 8, 10, 12 à 14, 16 à 18, 20 à 26, 29, 32, 34 à 37, 43, 44, 49 et 50, soit 29 pl. *coloriées.*

324. Les Déclarations, 12 pl. num. — Les Déclarations, autre série, 5 pl. non num. — Amours du Palais de Justice, pl. 5, soit 18 pl. en 1 alb. in-4 cart.

PIÈCES HISTORIQUES

325. *Le Tombeau du très chrestien très auguste très clement.... Henry le Grand*, par J. van Halbeck, d'apr. P. du Bois. Belle épreuve. Très rare.

326. Le Berceau royal du Duc d'Anjou, par G. de Geyn. Très belle épreuve.

327. Henri IV guérissant les écrouelles, par Firens — L'Assemblée royale victorieuse et florissante.. (chez Bertrand). Deux pièces.

328. *La Pompe magnifique de l'onction sacrée du très chrestien Roy Louys XIV....* par Jollain. Belle épreuve. Rare.

329. Plan et vue du feu d'artifice à l'occasion de la Naissance du Dauphin, 21 janv. 1730 — Feu d'artifice donné à Meudon, à l'occasion de la Naissance du Dauphin, 3 sept. 1735. Trois pièces.

330. Le Magnifique portail de l'Église Cathédrale de Reims, Entrée de Louis 15 pour y être sacré... (Chez Demortain) — *Observations curieuses sur l'Etat et le Gouvernt de France* (chez J. Jollain). Deux pièces. Belles épreuves.

331. *Vue perspective de la Décoration de la place Royale de Dijon à l'occasion de la Naissance.... du duc d'Enguien* (sic), par L. Jolivet. Belle épreuve, tirée en bistre.

332. *L'Horrible Attentat du 5 janvier 1757* (Damiens). Belle épreuve. Rare.

333. *Voiture qui a servie au Sacre du Roi à Rheims, le 11 Juin 1775*, par L. Prieur — Voiture du sacre de S. M. Charles X, par Duchesne. Deux pièces.

334. L'Arrivée du Roi à son Palais de Justice par Ransonnette, d'apr. P. Desmaisons — Projet d'un Pont Triomphal à la Gloire immortel de Louis XVI, par P. Germain, 1775. — Les Garants de la Félicité publique — Portraits de Marie-Antoinette. Cinq pièces.

335. Représentation de l'Audience donnée par Louis XVI aux Ambassadeurs indiens, en 1788 — Galerie élevée place de Grève pour la Naissance du Dauphin, 1782 — Fête à l'époque de la Révolution. Trois pièces. Belles épreuves.

336. Ouverture des États-Généraux, 5 mai 1789, avec la liste des Députés, par J. M. Moreau le jeune. — Vue intérieure de Notre-Dame, au moment de l'arrivée de la Reine (Marie-Antoinette) épr. à *l'état d'eau-forte*, etc. Cinq pièces. Belles épreuves.

337. *Description abrégée des douze Estampes sur les principales Journées de la Révolution. Gravées par Helman, d'après les dessins de Monnet* — Paris, chez l'Auteur, feuille explicative et 13 pl. (y compris une pl. supplémentaire), en 1 alb. in-fol. cart. (1re édition).

338. Bon de trois Cents Livres (Armée Catholique et Royale) avec le médaillon de Louis XVII. Très rare.

339. Reprise de la Ville de Toulon par les Armées de la République, par D. G. M. d'apr. de la Peigne. Belle épreuve.

340. Assassinat de Bassville à Rome, le 13 janvier 1793. Gravé par P. Masquelier. Très belle épreuve. Rare.

341. Scènes de la Révolution Française. Seize pl. par Duplessi-Bertaux, Bertault, Girardet, Helman, etc. plusieurs *avant la lettre.*

342. Entrée de S. M. Louis XVIII à Paris, par Euphrasie Picquenot — Réception de S. M. Louis XVIII à l'Hôtel de Ville de Paris. — Entrée solennelle de S. M. Charles X dans Paris, par Lœillot. Trois pièces. Belles épreuves.

343. La Statue de Napoléon Ier enlevé de la Colonne Vendôme et remplacé par le Drapeau blanc. In-fol. Belle épreuve, sans aucune lettre, d'une pièce très rare.

344. *Entrée de LL. AA. RR. Mgs le Duc et Madame, Duchesse d'Angoulême*, par Boccia. In-fol (petite restauration).

345. Portraits et Scènes relatives au Duc et à la Duchesse de Berry, 15 pl., plusieurs rares.

346. Sacre de Charles X à Reims, suite complète de 6 pl. par X. Le Prince, E. Fragonard, V. Adam, d'apr. Salneuve. Très belles épreuves.

347. Costumes du Sacre de Charles X, frontispice et 17 pl. (plusieurs à l'état d'eau-forte).

348. *Premières armes de Mgr le Duc de Bordeaux*, par Carrée. Très belle épreuve, *coloriée.*

349. Baptême du Duc de Bordeaux, par d'Hardiviller — La France fait hommage du Domaine de Chambord au Duc de Bordeaux, par Jazet — Pose de la première pierre du Monument de Quiberon — Sacre de Charles X, par Dien — Le Roi (Louis XVIII) exposé sur son lit de mort — Palais de Justice, entrée de Louis XVIII, à Paris, par Duplessi-Bertaux. Sept pièces.

350. Dix-huit pièces relatives à la Restauration.

351. *27, 28, 29 juillet 1830, représentés en trois Tableaux*, Paris, 1831. Couverture, planche (La Parisienne) et 3 pl. avec feuille de texte, en 1 alb. in-fol. cart.

352. Pièces historiques relatives à la Révolution de juillet 1830 et au Règne de Louis-Philippe. Trente-

trois pièces par Raffet, Bellangé, Devéria, Maurin et autres.

353. Un album in-fol. contenant 15 pl. relatives à la mort du Duc Ferninand d'Orléans.

354. Cérémonie d'un Sacre. Dessin à la plume, lavé de sépia.

355. Pièces historiques des XVIIe et XVIIIe siècles. Quinze pièces.

356. Pièces historiques des XVIe, XVIIe et XVIIIe siècles. Seize pièces.

357. La Joye de la France — Calvin sur son lit de mort. L'Arrivée des Infirmes au Médecin de Chaudrais — Louis XIV et Colbert, etc. Huit pièces par Abr. Bosse, S. Le Clerc, etc.

358. Assassinat des frères de Wit — Marche et Cérémonie de la Proclamation du Duc d'Anjou, Roy d'Espagne — Entrée de Louis XIV, à Strasbourg — Le Lion Belgique — Le Jansénisme foudroyé. Six pièces. Belles épreuves.

359. *The Embarkation of King Henry VIII at Dover may MDXX*, par J. Basire — Banquet royal à Amsterdam, 1768, par S. Fokke — Episode de la vie de Frédéric le Grand, par Chodoviecki — Supression des Moines, ordonnée par Joseph II. par Duplessis.

PIGAL (J. E.)

360. Scènes Famillières, 16 pl. *coloriées* (sauf une).

PIRINGER, AUBERTIN

361. Voyage pittoresque en Autriche, par le Cte A. de Laborde, 1821, titre et 20 pl., coloriées (vues et scènes historiques).

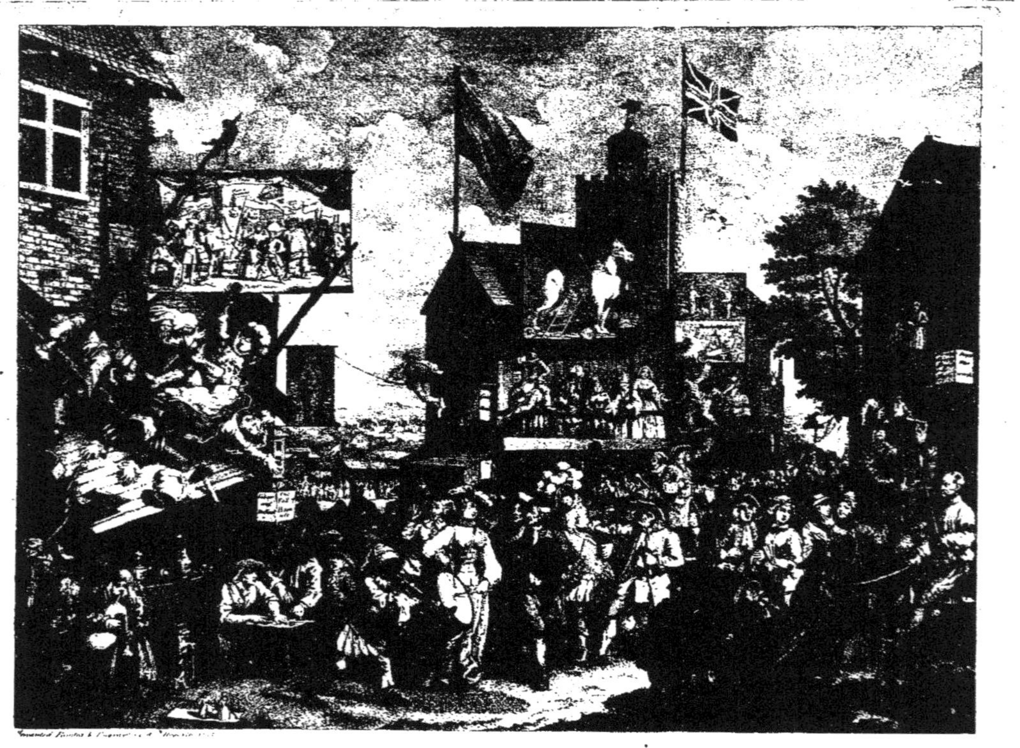

N° 209 du Catalogue.

PITAU (N.) — SARRABAT — SCHUPPIN (P. van)

362. Petau (A. P.) — Habert de Montmort (H. L.) — Louis, Dauphin de France — Stenbock (G. O.). Quatre pièces, une *avant la lettre*. Belles épreuves.

POILLY (F.)

363. Fouquet (Nic.), d'apr. C. Le Brun. Rare épreuve sur parchemin.

POILLY (N. et F.)

364. Louis XIV — Condé — Bignon (Th.) — Philippe de France. Cinq pièces. Belles épreuves.

PORTRAITS

365. ARTISTES : Galloche (L.), d'ap., Tocqué — Wille (J. G.), d'apr. J. B. Greuze — Coysevoix (Ant.), d'apr. H. Rigaud. Trois pièces. Belles épreuves.

366. Habert de Montmor (H. L.), par Pitau, d'apr. Ph. de Champaigne — Tencin (Cal de), par J. G. Wille, d'apr. E. Parrocel — Savary (M.), par Edelinck, d'apr. Ferdinand — Carcavy (P. de), par Edelinck, d'apr. Testelin. Quatre pièces. Belles épreuves.

367. Sévigné (Mme de), par N. Edelinck — Deon de Beaumont (chez S. Hooper) — Mr Siddons, par S. W. Reynolds, d'apr. J. Reynolds — Charlotte Corday — Largillière (Marguerite de), par J. G. Wille. Cinq pièces. Belles épreuves.

Seule 368. La Valette (Mme de), 1816 — Les Dames de Rouen et la Dsse d'Angoulême — La Contemporaine — Berry (Dsse de) — Angoulême (Dsse d'). Cinq pièces. Belles épreuves.

369. VENDÉENS : Cadoudal (G.), par A. Frefchi — *Charette dessinée après son arrival à Nantes...* — Bonchamps — Scène de la Vendée, *avant l. l.* Cinq pièces. Belles épreuves, *une imp. en couleurs.*

370. Louis XVI — Comte d'Artois — Marie-Thérèse-Charlotte — Adelaïde Clotilde Xavière de France — Vanloo (Mlle). Six pièces, par Gaucher, Cathelin, C. Hourdain. Belles épreuves.

371. *La Compagnie du Laurier et l'espoir de la France* (Marie-Louise et le Roi de Rome) — Le Roi de Rome (par de Frey) — Bonaparte, par A. Tardieu — Grand Habit de S. M. Napoléon Ier, par Pauquet — Le Masque de Napoléon Ier, par Calamatta. Cinq pièces. Belles épreuves.

372. Roland (J. M.), par Colibert — de Bonneval, par J. B. Michel — Charles, par Miger — Chalier, par Beauvalet — Kléber, par Fiesinger — d'Assas, par Morret. Six pièces. Très belles épreuves, 3 *imp. en couleurs*.

373. Borromée (F.), par G. Huret — Juigné (de) — Parfaict (N.), par N. Poilly — Troy (J. B. F. de), par N. De Launay — L'abbé Pommier, par Demarteau — Amelot (J.), par N. Poilly — Desaix, par Fiesinger. Sept pièces.

374. Coligny (G. de), par W. J. Delff — Louis XIV, par Bernard — Bignon (Th.), par N. Pitau — Thoisy (J. Chaillou de) — Coislin (de), par J. Lenfant — Le Pautre (Ant.) — Fleury (C^al^ de), par Thomassin. Sept pièces. Belles épreuves.

375. Grillon, par Janinet — Kléber, par Fiesinger — Rameau, par G. Dagoty — Jean Jacob, âgé de 120 ans, par F. Garnerey — Franklin, épr. non terminée — Sénac de Meilhan, par Bervic — Joseph II, *av^t^ l. l.* Sept pièces. Belles épreuves.

376. Personnages anglais et allemands : Charles Ier, par P. van Gunst et P. de Jode — Henriette-Marie, Reine de la Grande Bretagne, par P. de Jode — Cromwell — Menzel (J. D. van), par Bodenehr — Carl, archiduc d'Autriche, par J. Richler — Anonyme. Sept pièces, la plupart en belles épreuves.

377. Gaston d'Orléans? par C. David — François Ier, par J. Morin — Coligny (Louise de), par J. de Wisscher — Therestones Lezter — Duc et duchesse d'Angoulême, par C. Turner — Le Vœu de Louis XIII, par G. Huret — Turenne. Huit pièces.

378. Chabod (D.) — Farnèse (Alex.) — Anjou (Duc d') — Brulart de Sillery — Bourbon-Condé (H. de). Dix pièces, par Th. de Leu, L. Gaultier et Granthomme. Belles épreuves.

379. Isabelle-Claire-Eugénie — Le Tellier (C.) — Mme de Genlis — N. de Launay, etc. Dix pièces, par Muller, St Aubin, etc. Belles épreuves, deux *imprimées en couleurs.*

380. Spencer (V[sse]) — Wurtenberg (P[sse] de) — Londonderry (M[ise] de), etc. Dix pièces par Tomkins, Cooper, Ward, Thompson, etc. Belles épreuves.

381. Isabelle-Claire-Eugénie — Voysin (D.) — Condé Secousse (F. R.) — Toiras, etc. Douze pièces par J. Muller, Pitau, Audran, etc.

382. Maison de France : Rois, Reines, Princes et Princesses de Sang. Quatorze pièces par Lebert, St Aubin, Lebeau, Montcornet, etc. Belles épr.

383. Law (J.) — Montespan (Mme de) — Louis XIV — Fr. Sophie Wilhelmine d'Orange, etc. Quatorze p. anciennes par Isac, Bonnart, Bornier, etc. Belles épreuves.

384. Portraits divers. Seize pièces. Belles épreuves.

385. Personnages du XVIe siècle. Seize pièces par Th. de Leu, L. Gaultier, Wierix, etc. Belles épreuves.

386. Louis XVIII — Charles X — Famille Royale de France, etc., 21 p. plusieurs *imp. en couleurs.*

387. Portraits divers, la plupart anciens. Vingt-deux pièces.

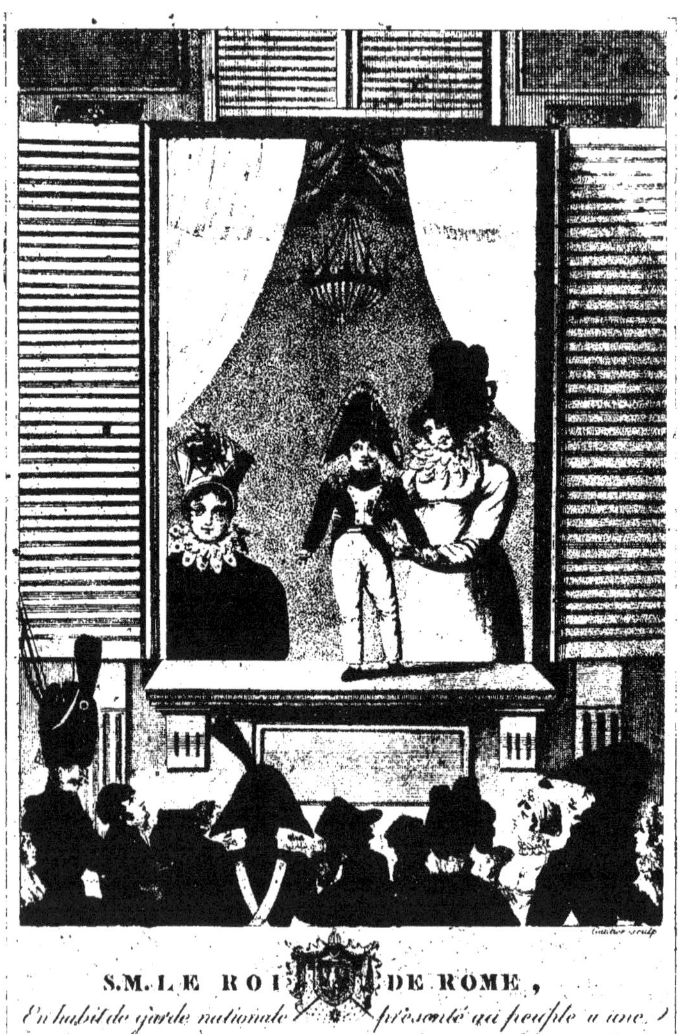

S.M. LE ROI DE ROME,

En habit de garde nationale présenté au peuple a une fenetre de son appartement chateau des Tuileries

N° 273 du Catalogue.

388. Portraits de Femmes (XVIe, XVIIe et XVIIIe siècles). Vingt-trois pièces par Visscher, Hollar, Smith, C. Townley, Gaucher, etc. Belles épreuves.

389. Portraits divers (XVIIe et XVIIIe siècles). Trente pièces par Lasne, Vogel, Nassard, etc. Belles épreuves.

390. Histoire d'Angleterre, d'Ecosse et d'Irlande — Rotterdam, R. Leers, 2 frontispices et 67 pl. (et 15 pl. ajoutées), en 1 alb. in-4 cart.

391. Portraits divers, 45 pl. anciennes.

392. Portraits divers, 60 pl. anciennes.

393. Portraits anciens et modernes, 52 pl.

394. Personnages anglais (XIXe siècle), 30 pl.

395. Portraits modernes, plusieurs *avant la lettre.*

396. Portraits modernes : Marie de Médicis — de Ségur — Casimir Perier père — Psse Mathilde, etc. Dix-sept pièces par Vion, Henriquel-Dupont, Calamatta, Toschi, etc, la plupart *avant la lettre.*

397. Portraits modernes, 30 pl. par Grevedon, Baujinet, Salabert, etc.

398. Portraits modernes, 60 pièces.

399. Hippolyte Lebas, par M. Devaux, d'apr. A. Cabanel. Treize épreuves sur chine, signées par H. Lebas. — Carle Vernet, par Vallot, d'ap. Gros, 2 épr, *avt l. l.* Ensemble 15 p.

PREISLER (J. M.)

400. Christian, Per de Danemarck et Norvège, d'apr. Pilo. 1764. Très belle épreuve.

PRUD'HON (P. P.)

401. Le Fils de Gouvion-St-Cyr (E. de G.). Belle et rare épreuve du 1er état, sur chine.

402. Une Famille malheureuse Belle épreuve.

QUENEDEY (Edme)

403. Le Dauphin (Louis XVII) — Parmentier (J. A.) — Dumouriez — Anonymes. — Batiste. Sept pièces. Beles épreuves, une *imp. en couleurs.*

RAFFET (Aug.)

404. La Revue nocturne — Le Réveil. Deux pièces. Bonnes épreuves.

405. Enfin le voila ! — La Main ! Voltigeur — La Consigne — Attention, l'Empereur a l'œil sur nous — Je n'tire pas !, etc. Dix pièces. Belles épreuves.

406. Demi bataillon de gauche.... — A ce jour là.... — Lutzen — Secourez la vivandière — Bautzen, etc. Dix-sept pièces, la plupart en belles épreuves.

407. Sujets divers extraits des Albums, 16 pl.

408. Expédition et siège de Rome. 17 pl. sur chine.

409. Voyage dans la Russie méridionale et la Crimée, 47 pl. Belles épreuves, *coloriées.*

410. Sujets militaires et Scènes de mœurs, 33 pl. extraites des Albums. Bonnes épreuves.

RECUEILS

411. Bible illustrée, Nuremberg, Endters, s. d. (manque le titre et le feuillet final) — Société des Amis des Arts, 78 pl. (y compris des doubles).

412. Souvenirs des Journées de Juin 1830, 9 pl. par E. Lami, Raffet, Roqueplan et Le Poitevin, en 1 alb. petit in-fol. obl. cart.

413. *Légendes rustiques, dessin de Maurice Sand, texte de George Sand*, Paris, A. Morel, 1858 — *Album chromo-lithographique ou Recueil d'Essais du nouveau procédé.... inventé par Engelmann père et fils*, Paris, 1837. — 2 vol. in-4 cart. pl.

414. Vues d'Italie, par C. Bourgeois et Thiénon, 12 pl. — Costumes militaires de fantaisie, par E. Morisseau, 6 pl. *coloriées*. Deux alb. in-4 cart.

415. Programmes des Spectacles donnés en Crimée par l'Armée Française, 12 pl. en 1 alb. in-4 cart. — Programme de Spectacle donné à Rome, joint.

416. Le jugement Universel, peint par Michel-Ange Bonaroti (sic) gravé par T. Pivoli, 1808 — En-têtes, titres et Fleuron des Evangiles (édit. Hachette), épr. hors-texte, exempl. de L. Gaucherel. 2 alb. in-fol. cart.

417. Fac-simile des pièces rares de la collection F. Didot — Dessins chinois habillés — Au Quartier latin, 14 pl. — Histoire du Vte Clodomir. Quatre recueils.

418. *Le plus nouveau livre d'Images, dessins composés et lithographiés par MM. Alophe.... Pigal, Swebach*, etc. — Paris, Aubert, s. d. couv. et suite de 50 pl. (manque 4 pl.), soit 46 pièces en 1 alb. petit in-4 cart.

419. Souvenirs de la Guerre d'Orient, 92 pl. (sur 142), par A. Cassagre, R. de Moraine, Lebreton, en 1 alb. in-4 obl. (*épr. coloriées*).

420. *Les Artistes anciens et modernes* (1er volume), frontispice et 24 pl. (13 pl. ajoutées, soit 37 pl. en 1 alb. in-4 cart. d'édit.

421. Scènes comiques, par Albert Adam, frontispice et 16 pl., cart. de publ. — Miroir de Paris, par Pigal, pl. 1 à 3, 5 à 13, soit 12 pl. (une avec texte au verso), en 1 alb. in-4, cart.

REMBRANDT VAN RYN

422. Héliogravures d'après les eaux-fortes de Rembrandt, 195 pl.

REPRODUCTIONS

423. Les Compliments — Le Bain — La Noce de village, etc., 8 reproductions d'apr. Debucourt, Tauney, etc. sur japon.

RÉVOLUTION (Est. relatives à la)

424. La Liberté — La Paix — Le Geova des Français — Le Cauchemar de l'Aristocratie. Six pièces par Copia, Villeneuve, etc. Belles épreuves.

425. Portraits, scènes-caricatures, 16 pièces.

ROCHEFORT (de) — VERMEULEN (C.)

426. Villars (H. de), 1712 — Orléans (Anne-Marie-Louise d'), d'apr. Rigaud. Deux pièces. Belles épreuves.

ROUBAUD (B.) — MATHAREL (V. de)

427. *Album d'Afrique*, couverture et suite de 26 pl. — *Algérie*, 18 pl. — Souvenirs d'Afrique. Ensemble 50 pièces. Belles épreuves.

ROULLET (J. L.)

428. Touchelée (Catherine), d'apr. J. Cotelle. Très belle épreuve *avant toute lettre*.

ROUSSELET (Gilles)

429. Anne d'Autriche, Louis XIV jeune et Monsieur, Frère du Roi. In-fol. Belle épreuve.

RYDER (T.) — TOMKINS (P. W.)

430. *Her Most Gracious Majesty, Queen Charlotte*, d'apr. W. Beechey, 1804 — *The Vestal*, d'apr. Joshua Reynolds. Deux pièces in-fol. Belles épreuves.

SAINT-AUBIN (Aug. de)

431. Le Moyne (J. L.), d'apr. L. Tocqué (129). Très belle épreuve, d'une planche restée inachevée.

432. Voltaire — Diderot — Gluck — Linguet, etc. Six pièces.

SALLIAR (L.)

433. Fourment (Hélène), d'apr. Rubens. Belle épreuve *avant la lettre* (sans marges sur 3 côtés).

SENEFELDER (Aloys)

434. *Collection de plusieurs essais en dessins et gravures pour servir de Supplément à l'Instruction pratique de la Lithographie, par Aloys Senefelder, 1819*, titre et 20 pl. par divers artistes en 1 alb. petit in-4 cart. Rare.

SEWRIN (Edmond)

435. *Costumes de Femmes à Bordeaux, Lithographies d'après Nature par Edmond Sewrin*, 1837, couverture ill. et suite de 6 pl. en 1 alb. in-4 cart. (2 vues par Thiénon, ajoutées).

SMITH (J.)

436 Les Amours des dieux, d'après Titien. Huit pièces. Belles épreuves, *encadrées*.

SWEBACH (Ed.)

437. Semaine Parisienne. Suite de 12 pl. (incomplète de la pl. 3), soit 11 pièces en 1 alb. in-4 obl. cart.

TRESCA (S.)

438. Ventôse — Frimaire. Deux pièces, d'apr. Laffitte. Belles épreuves, *imp. en couleurs*. (Encadrées).

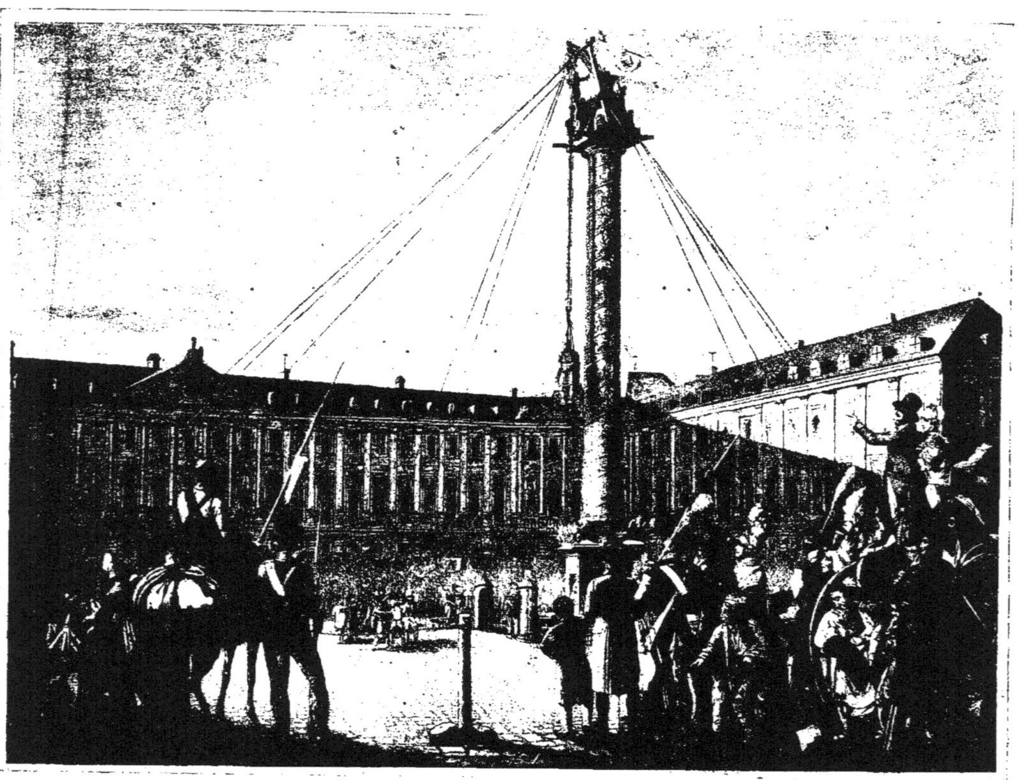

N° 243 du Catalogue.

TURNER (C.) — FRESCHI (A.)

439. Marie-Thérèse-Charlotte de France, d'apr. Huet Villiers — Charles Philippe de France, 1804. Deux pièces. Encadrées.

VANLOO (d'après C.)

440. Bacha faisant peindre sa Maitresse, par Lepicié. 1748. Belle épreuve, encadrée.

VANGÉLISTI (V.)

441. Apchon (Cl. Marc Antoine d'), par V. Vangelisti, d'après Tischbein. Belle épreuve, *avant toute lettre.*

VERNET (C. et H.)

442. Sujets divers — Chevaux — Batailles, etc. Vingt-trois pièces.

VERNIER (Charles)

443. La Polkamanie, 12 pl. coloriées (5 doubles en noir, — Physionomie des Bals publics, pl. 1, 2, 4 à 9, soit 25 pl. en 1 alb. in-4, cart.

VIGNETTES

444. Frontispices, vignettes et fleurons, de Moreau le jeune. Cochin, Eisen, etc. Trente pièces. Belles épreuves (la plupart tirées hors texte).

445. Vignettes anciennes et modernes, 130 pl.

VUES

446. Paris — Fontainebleau — Tours — Nancy, etc. Vingt-sept pl. anc. et mod.

447. Paris — Bals de Paris (Château-Rouge, Valentino, Folies-Asnières) — Versailles — Ports de France, etc., 57 pl. Belles épreuves, la plupart *coloriées*.

448. Saint-Cyr — Saint-Germain-en-Laye — Dunkerque — Chantilly, etc. Dix-huit pièces.

WALTNER (Ch. Alb.)

449. Portrait d'un vieillard, d'après Rubens. Superbe épreuve, *avant la lettre*, sur japon.

WATTEAU (d'apr. Ant.)

450. Le Vendangeur — L'Enjoleur (237-240). Deux pièces par Aveline et Moyrau. Belles épreuves.

451. Le Berger empressé — Le Jardinier fidèle (247-248). Deux pièces par Huquier, se faisant pendants. Très belles épreuves.

452. Paravent de six Feuilles (309-314), 4 planches (sur 6), par L. Crespy. Très belles épreuves.

453. L'Eau — Le Berger content — Apollon — La Favorite de Flore — Quatre pièces par Moyreau, Huquier et Crespy. Belles épreuves.

454. *Suite des Etudes d'après nature par Antoine Watteau peintre du Roy*, titre et 17 planches. Deux lots. Très belles épreuves.

455. Etudes — Paravents — Arabesques. Onze pièces (plusieurs manquent de conservation).

PEINTURES, DESSINS

ANONYME (XVIe siècle)

456. Famille Royale — A la plume, lavé de bistre.

ANONYME (XVIIIe siècle)

457. Le Parc — La Barque à la voile. Deux gouaches. Encadrées.

ANONYME (milieu du XIXe siècle)

458. Marionnettes, 14 feuilles de croquis et texte, en 1 alb. in-4 cart.

459. Magasin de la Ville de Paris, rue Montmartre — L'Impératrice Eugénie visitant les hospices. Deux dessins.

AUDY (J.)

460. Voitures. Deux aquarelles.

BOUCHER (F.)

461. Lettres ornées C. et L. *Signées.* — Un Amour (attr. à A. de St Aubin). Trois petits dessins.

CHANCOURTOIS

462. Ville de plaisance au bord de l'eau. Aquarelle *signée.*

DESHAYS (Eugène)

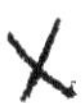
463. Barques à marée basse, aquarelle *signée.*

DESSINS HISTORIQUES

464. Prise de la Bastille — Entrée des Français à Rome (par Duplessi-Bertaux ?) — Soldats dévastant une maison (par Swebach ?) Trois dessins, le premier rehaussé d'aquarelle.

DEVÉRIA (Achille)

465. Jeune Femme en pied, assise — Mine de plomb. Signée et datée : 31 mai 1834.

DIVERS

466. Nymphe et Satyre — Paysages. Trois aquarelles et gouaches.

467. Études de Figures, scènes de genre, etc. Onze dessins ou croquis, par Swebach, Joinville, etc.

468. Louis XVIII recevant des hommages. La Calèche — Le Jeu de Billard — Scènes Familiales. Neuf aquarelles ou dessins par ou attribués à H. Vernet, Dubouloz. etc.

469. Sujets divers et Paysages. Quinze intéressants dessins et croquis par P. Molyn, J. Cousin (?), A. Dieu, Ch. Eisen, Demarne, etc.

470. Sujets divers et Paysages. Vingt-deux dessins et croquis par Granet, Lalanne, J. Ouvrié, etc.

471. Sujets divers et Paysages. Vingt-cinq dessins et croquis anciens.

472. Sujets divers, Portraits, Paysages. Vingt-deux dessins et croquis anciens.

473. Sous ce numéro, il sera vendu — cinq peintures ou pastels et une gravure encadrée (Moreau de Tours, Vidal, etc.)

474. Vingt-sept aquarelles, dessins et croquis par Edm. Morin, Lalaisse, Rochegrosse, Lapierre, etc.

475. Sous ce numéro, il sera vendu par lots, environ 300 dessins modernes ou croquis.

476. Sous ce numéro, il sera vendu par lots, environ 400 dessins, modernes pour la plupart.

ÉCOLES ANCIENNES

477. Sujets religieux et mythologiques — Figures. Huit dessins par ou attribués à Murillo, Tempesta, S. Bourdon.

478. Sujets divers et Paysages. Huit dessins par ou attribués à Moyaert, Cotelle, Mola, etc.

GARDANNE (Auguste)

479. Costumes et Scènes militaires. Treize dessins à la mine de plomb, plusieurs rehaussés d'aquarelle et réunis en 1 alb. in-4 obl. cart.

GIRAUD (E.)

480. Étude de jeune Femme assise. Sanguine, *signée*.

HEIDBRINCK (Oswald)

481. Bords de la Seine, à Paris — Femmes peintres — Croquis de chanteurs des rues, camelots, etc.
Un album contenant vingt-trois dessins au crayon noir, deux rehaussés de pastel.

ISABEY (J. B.)

482. Portraits-charges : H. Vernet — Caron — G. Dugazon — Cicéri — Tariot — B. Mocatta. Sept dessins lavés de bistre (3 sont signés).

PAVY (Ph.)

483. Arcque, 1884, Peinture, *signée*.

PERCIER ?

484. Projet de décoration en vue du Sacre (qui n'eut pas lieu) de *Louis XVIII Roi de France et de Navarre*. Six importants dessins rehaussés d'aquarelle.

PRADIER

485. Frises allégoriques à l'honneur de Napoléon Ier. Quatre dessins à la mine de plomb.

SERGENT (L.)

486. Pêcheurs de varech. Peinture, *avec dédicace*.

VERNET (Joseph)

487. Croquis de bateaux, charrettes, figures, etc. Cinquante croquis, plume et pierre d'Italie.

VIDAL (L.) et H. M. 1830.

488. Fleurs et Bouquets. Quinze aquarelles en 1 alb. in-4, cart.

VIEN (J. M.)

489. Fuite de Lot. Important dessin au crayon noir rehaussé de blanc.

490. Sous ce numéro, il sera vendu des estampes et dessins non catalogués.

IMPRIMERIE

FRAZIER-SOYE

153-157, Rue Montmartre

PARIS

www.ingramcontent.com/pod-product-compliance
Ingram Content Group UK Ltd.
Pitfield, Milton Keynes, MK11 3LW, UK
UKHW020411180726
13839UKWH00003B/1302